3 1994 01156 5378

SANTA ANA PUBLIC LIBRARY

D0688704

# ALEXANDER GRAHAM BELL

## INVENTORES FAMOSOS

Ann Gaines

Traducido por Esther Sarfatti

J SP B BELL, A. GAI
Gaines, Ann.
Alexander Graham Bell
31994011565378

Rourke Publishing LLC
Vero Beach, Florida 32964

© 2002 Rourke Publishing LLC

Reservados todos los derechos. Ninguna parte de este libro puede ser
reproducida o almacenada en manera alguna ni por ningún medio, ya sea
electrónico, mecánico, fotocopia, grabación, ni por sistemas de
almacenamiento y recuperación, sin permiso previo del editor.

www.rourkepublishing.com

DERECHOS DE LAS FOTOGRAFÍAS
© Fotografía de archivo, Biblioteca del Congress

SERVICIOS EDITORIALES
Pamela Schroeder


**Catalogado en la Biblioteca del Congreso bajo:**


Gaines, Ann
   [Alexander Graham Bell. Spanish]
   Alexander Graham Bell / Ann Gaines ; traducido por Esther Sarfatti
       p. cm. — (Inventores famosos)
   Includes bibliographical references and index.
   Summary: A biography of the teacher and inventor best known for his
work with the deaf and his invention of the telephone.
   ISBN 1-58952-173-0
   1. Bell, Alexander Graham, 1847-1922—Juvenile literature. 2. Telephone‹
History—Juvenile literature. 3. Inventors—United States—Biography—Juvenile
literature. [1. Bell, Alexander Graham, 1847-1922. 2. Inventors. 3. Spanish
language materials.] I. Title

   TK6142 .B4 G3518 2001
   621.385'092—dc21
   [B}                                          2001041680

**Impreso en EE. UU. — Printed in the U.S.A.**

# CONTENIDO

## ALEXANDER GRAHAM BELL
## Y SUS INVENTOS

Alexander Graham Bell trató de inventar cosas para ayudar a la gente. Su mejor idea fue el teléfono. Pensó que ayudaría a los sordos. Ahora el teléfono ayuda a todo el mundo.

Tuvo muchas más ideas. Un invento suyo fue el **pulmón de acero**. Ayudó a respirar a quienes no podían hacerlo por sí mismos.

*Alexander Graham Bell muestra su teléfono.*

## ALEXANDER GRAHAM BELL CRECE

Alexander Graham Bell nació el 3 de marzo de 1847 en Edimburgo, Escocia. Fue el segundo hijo de Alexander y Eliza Bell. Su madre le dio clases en casa.

De joven, se hizo profesor de dicción como su padre y su abuelo. Se mudó a Estados Unidos en 1871. Encontró trabajo en la Escuela para Sordos de Boston, Massachusetts.

*El abuelo de Alexander era profesor de dicción.*

## SORDERA, SONIDO Y CORRIENTE ELÉCTRICA

De día enseñaba a niños sordos. De noche trabajaba en la construcción de una máquina que fuera capaz de enviar la voz humana a través de un cable. Confiaba en que ayudaría a los sordos a oír mejor.

Se acordaba de cuando le hablaba a su abuela sorda. Siempre ponía la boca cerca de su frente. Entonces le hablaba en voz baja. Había aprendido que la voz era una energía que viajaba a través del aire.

*Alexander era maestro a la edad de 15 años.*

La idea de Alexander era convertir los sonidos de la voz humana en **corriente** eléctrica. Entonces enviaría la corriente eléctrica a través de un cable. Otra máquina la recibiría. Y esta máquina convertiría de nuevo la corriente en sonido.

Empezó a trabajar con Thomas Watson en 1874 para construir las máquinas. Formaban un buen equipo. Thomas Watson era un constructor experimentado. Alexander Graham Bell era un entendido en sonido y corriente eléctrica.

*Thomas Watson se hizo buen amigo de Bell.*

## LA MÁQUINA ELÉCTRICA DE HABLAR

El 26 de julio de 1874, a Alexander se le ocurrió la manera de construir su máquina. La llamó la máquina eléctrica de hablar. Hoy la gente la llama teléfono.

La máquina eléctrica de hablar consistía en realidad en dos máquinas. La máquina que convertía la voz en corriente eléctrica se llamaba **transmisor**. La máquina que convertía la corriente eléctrica otra vez en voz, se llamaba **receptor**.

*A Alexander Graham Bell se le conoce sobre todo como el inventor del teléfono.*

Él y Tom Watson trabajaron para construir la máquina eléctrica de hablar. El 3 de junio de 1875, Alexander y Tom ¡lo lograron! Transmitieron la voz hablada.

El 12 de marzo de 1876, Alexander probó su nueva máquina. Habló al transmisor. "Sr. Watson, venga. Quiero verle". Tom Watson escuchó en el receptor. ¡Oyó a Alexander! Habían fabricado un teléfono.

*El primer transmisor en funcionamiento usado por Bell*

# GLOSARIO

**Biblioteca del Congreso** — la biblioteca nacional, situada en Washington, D.C.

**corriente** — flujo de electricidad a través de un cable

**Exposición del Centenario** — una feria universal celebrada para conmemorar la Independencia de los Estados Unidos

**hidrodeslizador** — una estructura con forma de ala, acoplada al frente de un barco, que hace que se eleve sobre el agua

**pulmón de acero** — un tanque hermético de metal que rodea el cuerpo pero no la cabeza; obliga a los pulmones a respirar

**receptor** — una máquina que recibe mensajes

**transmisor** — una máquina que envía mensajes

**tributo** — modo de rendir homenaje a una persona

# ÍNDICE

## Lecturas recomendadas

Gearheart, Sarah. *The Telephone*. Atheneum, 1999

## Páginas Web recomendadas

- http://tntn.essortment.com/biographyalexand_rfx.htm

- www.pbs.org/wgbh/amex/telephone/peopleevents/mabell.html

## Acerca de la autora

Ann Gaines es autora de muchos libros de divulgación para niños. También ha trabajado como investigadora en el Programa de Civilización Americana de la Universidad de Texas.